靖子の夢

光浦靖子

SWITCH PUBLISHING

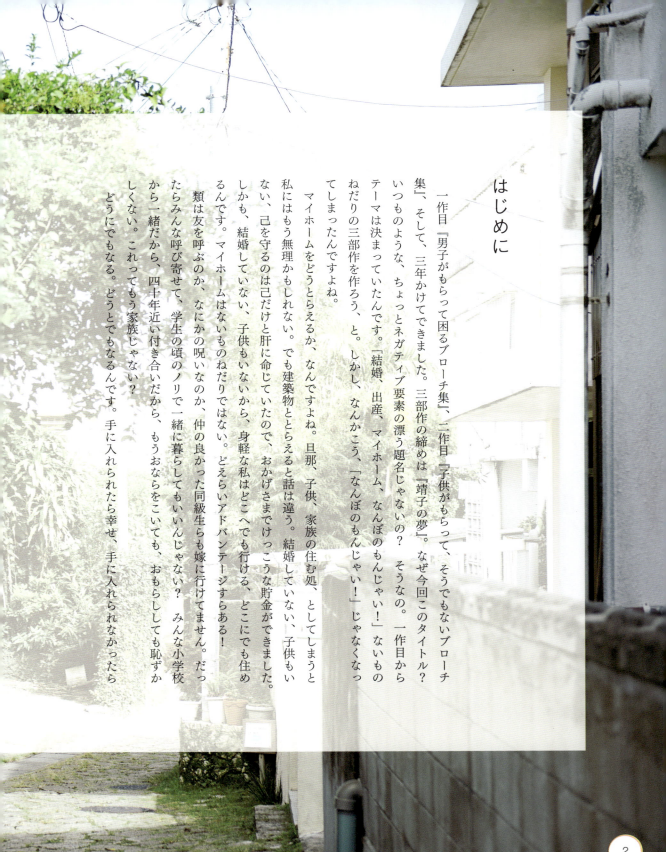

はじめに

一作目『男子がもらって困るブローチ集』、二作目『子供がもらって、そうでもないブローチ集』、そして、三年かけてできました。三部作の締めは『靖子の夢』。なぜ今回このタイトル？　いつものような、ちょっとネガティブ要素の漂う題名じゃないの？　そうなの。一作目からテーマは決まっていたんです。「結婚、出産、マイホーム、なんぼのもんじゃい！」ないものねだりの三部作を作ろう、と。しかし、なんかこう、「なんぼのもんじゃい！」じゃなくなってしまったんですよね。

マイホームをどうとらえるか、なんですよね。旦那、子供、家族の住む処、としてしまうと私にはもう無理かもしれない。でも建築物ととらえると話は違う。結婚していない、子供もいない、己を守るのは己だけと肝に命じていたので、おかげさまでけっこうな貯金ができました。しかも、結婚していない、子供もいないから、身軽な私はどこへでも行ける、どこにでも住めるんです。マイホームはないものねだりではない。どえらいアドバンテージすらある！

類は友を呼ぶのか、なにかの呪いなのか、仲の良かった同級生らも嫁に行けてません。だったらみんな呼び寄せて、学生の頃のノリで一緒に暮らしてもいいんじゃない？　みんな小学校から一緒だから、四十年近い付き合いだから、もうおならをこいても、おもらししても恥ずかしくない。これってもう家族じゃない？

どうにでもなる。どうとでもなるんです。手に入れられたら幸せ、手に入れられなかったら不幸せ、そんな単純じゃない。手に入れてないから私は自由を手に入れた、と夜中に楽しくなっちゃったんですね。世界はここだけじゃないと思うと楽しいじゃない？　ラクじゃない？　ギリまで頑張れそうじゃない？

だから今回はポジティブな題名にしたいと思いました。

好きな人のために思いを込めて作ったら、重いと困られた。子供が喜ぶと思って作ったら、反応はそうでもなかった。もう違う。誰かのために作るのではない。私が私のために作るのだ。『靖子の夢　ブローチ集』だ!!　モデルのように青空に向かって大声で言います。「素敵な暮らしを提案しまーす！」

この本が店頭で平積みになった姿を想像しよう。きっと、発売直後は前の本も一緒に並べられるでしょう。人が歩いてきたよ。ゆったりとした綿と麻の混合のワンピース、首にストール、北欧風テキスタイルの布バッグ、100パー手芸好きに違いない。

「ん？　男子がもらって困るブローチ集？　困るなら参考にならないな。子供がもらって、そうでもないブローチ集？　そうでもないなら参考にならないな。ん？　新刊？　靖子の夢？知らんがな！！！」

あーーーー！　そうだ、そうだ、そうだった。他人の夢なんて「知らんがな」だよ！　インスタのすっぴん自撮り、犬、空、パンケーキを越える、もっとどうでもいいことだよ。

私なりの最大のポジティブな題名が結果、こんなことになるとは。三つ子の魂百までだな。

靖子の夢
もくじ

ばあさんになったら、
沖縄で、こんなブローチを売って
暮らしたいのです。

「マンゴー」

マンゴーが大好きで、以前、下アゴで皮をこそぐように食べたら、軽くかぶれてしまいました。漆科なのです。上品に食べましょう。

「ゴーヤ」

日よけにと毎年ベランダに植えてます。が、丈がベランダの手すりを越える前に夏が終わります。2センチほどの可愛いゴーヤが穫れます。

「生ビール」

ジョッキから溢れるおじさん風味をメルヘンデコで囲みました。甘辛コーディネートの1種ですね。

「三枚肉そば」

ネギは某コーヒーショップのストローです。非常にネギに向いてます。

「海ガメ」

ダイビングのとき眠っている海ガメに出会えました。だいぶ近づいても起きませんでした。そのゆとりが長寿の秘訣なのでしょう。

「ヤンバルクイナ」

変なフォルムをしているとお思いでしょうが、図鑑をよーく見て作りました。フォルムは覚えたので、道で会っても見逃さないでしょう。

「ハブ」

勉強机の下にいたという沖縄人もいれば、一度も見たことないという沖縄人もいます。ハブを捕まえるフックのようなものを購入したほうがいいのだろうか。

「イリオモテヤマネコ」

闇に光る青い目に合わせてビジューで囲みました。
女の子ってビジュー好きだよね？　好きだよねえ？

「イソギンチャク」

丸いブヨブヨを触る勇気はもうないです。

「具志堅さん（中）」

沖縄といえば具志堅さんでしょう。石垣島の具志堅用高記念館のリングに「ご自由に」と、実際使ってたグローブや縄跳びの縄を展示していたら、ご自由にパクられたそうです。

「具志堅さん（大）」

毛量が変わります。もちろん、小も作れます。

「具志堅さん（今）」

メガネをかけています。髪型もボリュームをおさえ四角くなっております。

取れたボタンをすいっと
縫いつける私を見てほしくて
やっていますのよ。

「パパイヤさん」

具志堅さんの姉妹品となります。沖縄、
アフロ、といったら、この方も。

「シーサー」

（メス）ハイビスカス。（オス）荒波。

靖子の夢

老後は沖縄に住みたい、三十代の頃から思っていました。仕事がうまくいかないときや、エゴサーチをして「私なんて光浦に似てるドブスですよ」と、「そんなことないよ。光浦よりずっと可愛いよ」と言われたいがためのエサとしてご先祖様から受け継いだ大切な名前を利用されているのを見たときに、沖縄に住みたいと思いました。だって沖縄の人はみんな優しいから。私のことをそんなゴキブリと同等の扱いをしないから。そこに行けば～どんな夢も～かなうという歌のように、そう私のガンダーラになってしまいました。

実際、沖縄出身のお友達が多く、みんな性格がいいです。もはや逆偏見で、沖縄出身と聞くだけで全面的に信用してしまいます。私はカナヅチですが、海が好きです。キレイな海で、魚と一緒に泳ぐことがなによりも好きです。心が無になれるのです。沖縄の海は、心の澱を流してくれるのです。だからそこに暮らす人の心はキレイなのでしょう。

こんなことを言うと、周りにいる芸人にバカにされます。『海に潜って人生観変わっ

※他人の旦那です

た』とか言う奴ほどダセェ奴はいない」と。確かに、上の文章は、どっかで読んだことあるような、まさに薄っぺらい内容です。ある飲み会で、作家だがコメンテーターが主な仕事の人に「光浦さんの文章って、教科書みたいだよね」としつこく言われたのを思い出します。教科書という単語自体は立派なんですが、使われるときはだいたい悪い意味です。「教科書＝つまらない」と。そんなにしつこくディスらなくていいじゃないか！

……あ、話はそれましたが、食リポと同じですよ。本当に美味しいときは「美味しい」しか言わないんです。「柔らかくて肉がほろっとしてて、野菜の甘みがソースにとけ込んでて、好きな人にはたまらない味ですよ」などと、変な言葉を足すのは美味しくないからです。人の良さ、海の良さを語るにはありきたりの言葉しかないほど、沖縄は素晴らしいんです。

この手芸本を一緒に作っているアラフォーの独身女性編集者とよく話をしました。彼女も沖縄が好きで、「仕事」「独り」「将来」この三つの単語を並べては真っ黒いため息をつくたびに「いつか沖縄に住みたいね」をお守りのように口にしていました。そして、二冊目を出版した頃でしょうか、彼女は沖縄に嫁に行きました……急っ!!

そうなの。急なの。なんか休暇で沖縄旅行したときに入ったカフェに、ザ・好みの男性店員さんがいたんだって。旅の恥はかき捨てで、声をかけたんだって。そしたら、そしたら気が合っちゃって、すぐに付き合うようになって、で、会社辞めて、沖縄行って、結婚して、旦那がカフェをオープンして、カフェを手伝いながらフリーで編集の仕事もしてるの。

夢！　ほぼこれが私の夢！　なんで私の夢叶えちゃってんだよぉ〜!!

彼女いわく、これは沖縄の縁結びの神様のご利益なんだと。お参りの帰りにその、二人の出会いのカフェに偶然寄ったんだと。なんですとぉ？　こりゃ行かなきゃ！

行ってみてびっくり。雰囲気がすごい。霊感のない私でも、あら、ここ、空気が変わったわね、と感じるくらいなの。うっそうとした森に囲まれた岩の中に神様がいるそうです。その岩の前で、私は本気で祈りました。当時好きだった彼をしっかり思い浮かべました。「どうか、どうか、あの人とむす……（ボチャッ）……結ばれますように」。ボチャッ。そう、祈りの真っ最中に、頭上の木から大きな水滴が落ちてきたのでした。そのでっかい水滴はツツーッと、顔のど真ん中を、でこ、眉間、鼻、唇まで垂れました。どういう意味だ？　格闘技では、顔の中心線上には無数の急所があると言われています。

スピリチュアルな人はでこや眉間からパワーが入ってくると言います。よくわからないが、きっといい意味のはずだ！　きっと神様が「オッケーわかった。こっからパワー入れとくからね」と返事をしてくれたのだ！　神様〜、返事食い気味なんだもん（笑）。

半年後のある日、彼から電話で、結婚と出産予定日を報告されました。おいっ！　おいおいおい！！！　フリーじゃなかったのかよ！　しかも、こ、子供までぇ？　あの水滴の意味は「ノー。それは無理だよぉ」だったのか？……。

後日、女性編集者が言いました。「あそこ、縁結びの神様じゃなくて、子宝の神様ですよ」と。あら、聞き間違いしてた……ぎゃー!!　それだ！　だから彼に子供ができたのだ。だって「どうか、どうか、あの人とむす」までしか神様聞いてなかったでしょう？「どうか、どうか、あの人に息子ができますように」と神様が勝手に解釈したのだ！

靖子の夢は沖縄に住んで、カフェを開き、その店の片隅で手作りのブローチを売ることです。

スーパートップス
pepsi
小顔
美顔
究極美
Coco
贅沢芳醇
BOSS
ucc

スーパートップス
pepsi
小顔
美顔
究極美
Coco
贅沢芳醇
BOSS
ucc

「どうですか～沖縄は？」「あれ？　あ、もしかして……光浦さん？　なんかテレビで見てた感じと違う」「これが素の私なんだけどね～。ゆっくりしてってね～」

昔テレビに出てたのでお客さんの食いつきはやはりいいです。

「これ、ブローチ？」「そう。私がひとつずつ作ってるの～。時間がかかるから儲かりはしないんだけど、楽しいからさぁ～。」「沖縄はどうですか？」「最高さ～沖縄は。いつでも癒されに来てね～。なんにもできないけど、美味しいコーヒーだけはサービスするさぁ～。え？　あ、これ？　税込み三五〇〇円です。ありがとうございます（急にビジネス顔）」

沖縄の開放感に財布のヒモも開放的になっている旅行者がブローチを買っていきます。相場より少々高くても気にしません。

近所の子供を集めて手芸を教え、お礼にご近所さんから野菜や魚をもらい、休日は海に潜ります。「あの人は今」的な番組にたまに出たり、オシャレ雑誌に「沖縄のんびり暮らし」などエッセイを連載します。芸能人の友達が息抜きにやってきます。私はピンクとシルバーが交ざったような変な色の軽自動車で空港にお迎えに行きます。「ごめんね。わざわざ」「なんくるないさぁ～」。笑った私の顔のシミとシワが逆に美しく見えます。

そして私の横には、居心地のいい男性がいつもいます。

沖縄の生き物水着

テーマは沖縄。ならば水着を作らねば！
ビキニは武田久美子さんの時代からホタテ貝と決まってるから、
その他は沖縄の生き物にしましょう。
作ってびっくり。まったく水に入れない！
魚などの名称、形はアバウト、なんなら怪しいですが、
そこは私の水着姿（45 歳）で勘弁してちょ♡　フェアトレード !!

オオモンハゲブダイ

スズキ目　ブダイ科　ハゲブダイ属

うろこが難しいです。気を抜くとすぐ「今、何を刺してんだ？」となります。

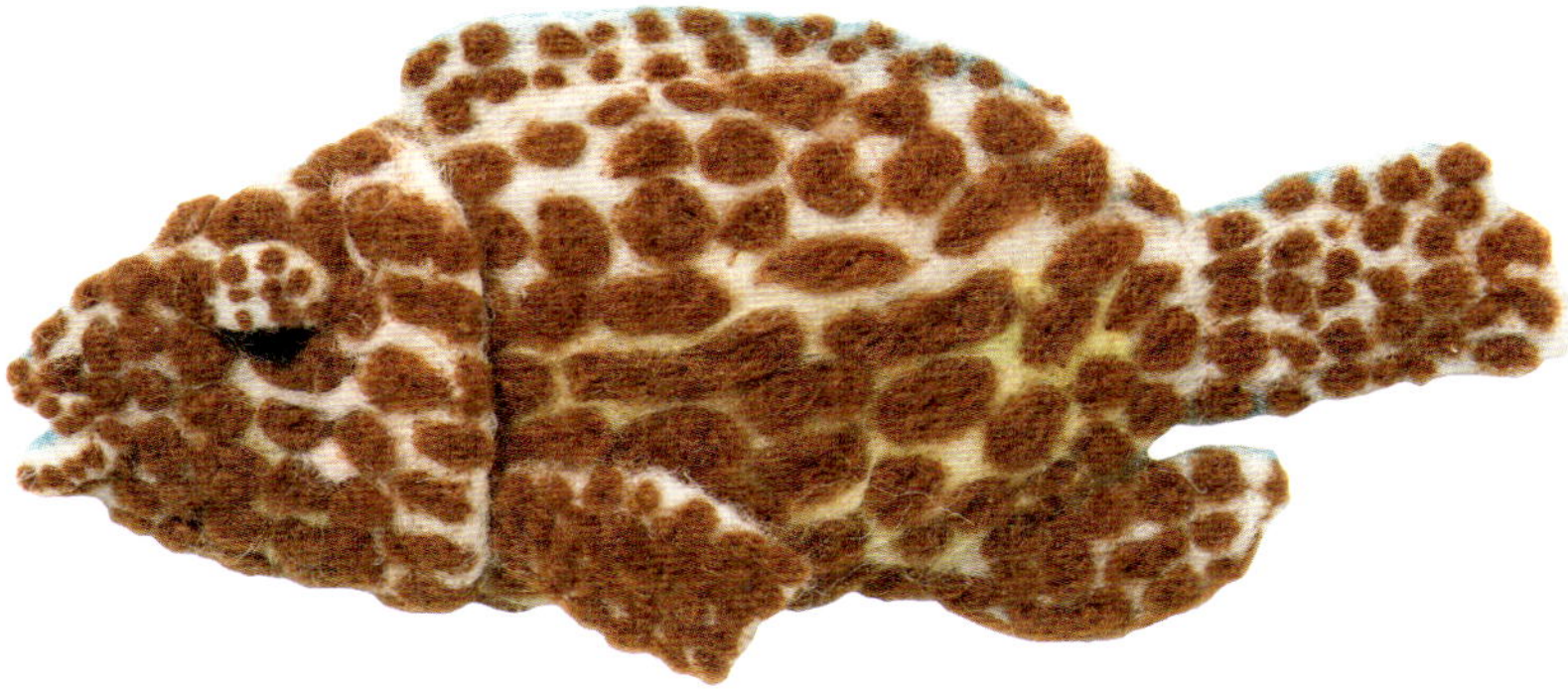

イシミーバイ

スズキ目　ハタ科　エピネフェルス属

これは根気だけです。より根気のある方はもっと丸を小さくするといいですよ。変なゾーンにゆけます。

ユカタハタ

スズキ目　ハタ科　ユカタハタ属

ここに青い水玉が入っちゃう沖縄の魚のセンスって素敵よね。

ナンヨウハギ

スズキ目　ニザダイ科　ナンヨウハギ属

泳いでるとよく行き合います。しら〜とした顔でぴゅっと方向転換します。そういう人いるよね。

ニシキヤッコ

（多分。漁師調べ）

スズキ目　キンチャクダイ科　ニシキヤッコ属

作ったはいいが名前が分からず困っていたら、お友達の漁師が「ヤッコ、ヤッコ、ヤッコ。これはヤッコさぁ」と言いました。ヤッコは連呼されがち。

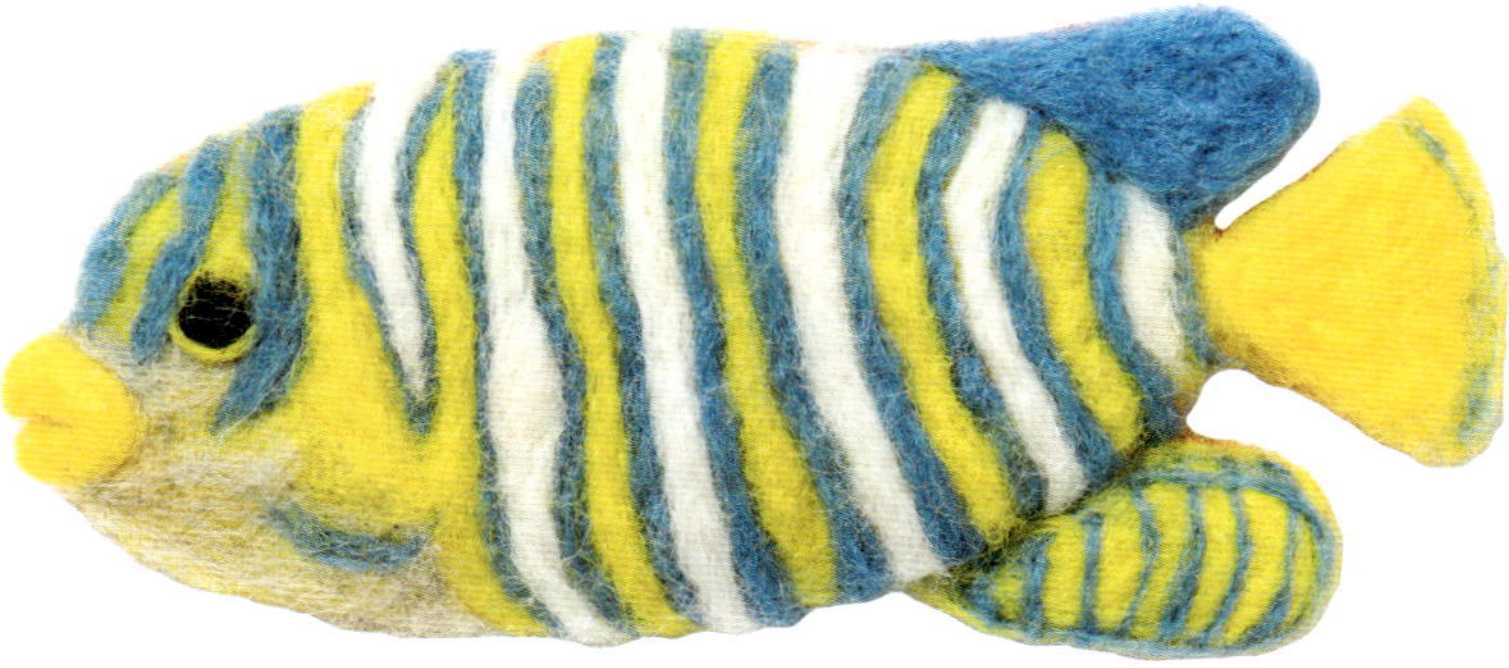

ニジハタ

スズキ目　ハタ科　ユタカハタ属

ヒレを食べたら上あごに刺さるぜぇ感に力を入れてみました。

インディアンミーバイ

（多分。漁師調べ）

スズキ目　ハタ科　ユカタハタ属

嘘だろ？ と思うような色合い。ピンクに黄色なんて、ギャルがインスタに載せまくるのは時間の問題ね。

ヨスジフエダイ

スズキ目　フエダイ科　フエダイ属

この向きでシマシマがあると、細く見えるし、泳ぎも速そうに見えます。私が魚なら参考にするでしょう。

ヤマブキベラ

スズキ目　ベラ科　ニシキベラ属

うろこに挑戦しました。なんかムキになってました。首と背中が痛くなりましたが達成感よ。

グルクン

スズキ目　タカサゴ科　クマササハナムロ属

唐揚げが美味いです。陸に上がると赤くなるそうです。なので これは釣りたてなんでしょう。

ホタテ

一緒のようで一緒じゃない、微妙に柄が違います。その下に隠される人間の胸も左右一緒じゃないそうです。

カニ

足が上手にできました。昔からワタリガニをよく食べていたものですから、足の具合はよく知っています。ただ、このカニは食べられるんだろうか。

Essay 2

ランドを作ろう、ランドだよ

行き場のない母性、それを持て余していた私に、甥っ子と姪っ子ができました。当然のように、私の母性はだらしないほどにその二人に注がれました。が、が、が、なんといっても偏屈でおなじみの光浦の血を引いているからでしょうか、リアクションが薄い、薄い。私はその辺の人よりは話は面白いです。小銭も持っています。精神年齢も若く、それなりに芸能、カルチャーに詳しいです。最高のおばさんじゃねーか！

甥っ子は特に難しいというか、ナイーブというか、赤ちゃんの頃から人に触られるのが嫌いでした。食がとても細く頑固で、目が回るまで食べ物を口にしませんでした。物を作ることが大好きで夢中になるのですが、自分のペースを少しでも崩されるとブチギレます。人にはわからないルールが多すぎます。妹とその旦那が夜中に「誰に似たんだろうね……」と嘆いていました。その横で私は「あ……私にそっくりだ」と思いました。口にも顔にも出しませんでしたけど。

そんな甥っ子も小学生になり、漫画を知り、ゲームを知り、「ザ・男子」となり、やっちゃん（私）と遊ぶことに興味をなくしていきました。私が話しかけても無視。たまに返事をしたと思ったら「オ〜レ、ゲームのために生きてるから〜」とか、しょーもないことをしょーもない節をつけて言うので「お前は本当にモテない男になる道まっしぐらだな！」と怒ってやりました。私と甥っ子はダメなところがそっくりなので「相手が自分に苦手意識を持っている」に異常に敏感で、そうなると近づけなくなり、身内なのに互いに牽制球を投げ合ったりしてしまいます。私をできた大人だと思うなよ。お前が思っている以上に傷つきやすいんだぞ、バカヤロウ。

姪っ子は赤ちゃんの頃から人懐っこかったです。座っている人の膝の上、寝ている人の腹の上をハイハイで登ってくる子でした。賢いというか、気が強いというか……「腐った草は一回抜いて、お水をあげるといいんだよ」と、私の父が四十年間大切に手入れをしてきた薄い髪の毛をバリバリとむしり倒し、頭から水をぶっかけていました。姪っ子も食がとても細く、保育園では給食の時間になるといつも狸寝入りをするそうです。寝たふりをしているといつのまにか本当に寝てしまうらしく、お友達から「この前は、おうどんの中に頭入れて寝てたよ」と報告されたこともあります。おちゃらけることが大好きで、私を見ると「ブース、ブース！」とはやしたてます。私が「やめなさい！」と怒るのがツッコミだと思っているらしく、人ゴミでとくにこれをやります。「ブース、ブース！　テレビに出てる人がいますよー！　みちゅらブスこですよー！」と。本当に嫌です。

でも、可愛い。無視をされるよりはずっと可愛い。だから私は姪っ子の人形を作ることにしました。一体じゃ姪っ子の可愛さを表現しきれない。意味もなく叫ぶ可愛さ。砂場にダイブする可愛さ。口に手ごとつっこんでおにぎりを食べる可愛さ。実家の臭い狂犬を手なずける可愛さ。まだまだある……、そうだ、ランドを作ろう。ランドだよ。マイケルだって最終的にはランド作ったじゃん。子供好きはランドを作るんだよ。名前を出したいけどこの時代、恐いでしょう？　だから姪、「Ｍｅｉランド」よ！！！

暇なときにのんびり作っておりましたので、完成するのに三年かかりました。姪っ子も小学生になりました。一度目の電話は『ドラえもん』を読んでるから無理と断られ、二度目の電話で出てくれました。「○○ちゃんのお人形作ったよ。いっぱい作ってランドにしたよ。今度本になるよ」「ほんと？　ラッコちゃんも作った？」「作ったよ」ラッコちゃんとは姪っ子のお気に入りのぬいぐるみです。「今から写メ送るから、見たら感想ちょうだい」「わかったー」

待てど暮らせど返事が来ない。翌日、「ランドを見て喜んでたよ」と妹からメールがきました。ほんとは姪っ子から電話がほしかった。声が聞きたかった……。妹の気遣いよ。やっぱり妹が一番好き。保険金の受け取り人名義は妹にしよう。

タロ子

ランド

Me

おにぎり

Meiランド

さかあがり

Meiランド

さけび

Meiランド

さんりんしゃ

Meiランド

すなあそび

Meiランド

いねむり

Meiランド

みずやり

Meiランド

ダイブ

Meiランド

ラッコちゃん

Meiランド

ぶた三輪車

Meiランド

ぬいぐるみ

Meiランド

おにぎり

Meiランド

岡本太郎

以前、岡本太郎さんリスペクトなイベントで依頼され作ったものです。Mei ランドのランドマークです。

Meiランド

Essay 3

時を見失わないために

一年が早い。二〇〇〇年以降、私の記憶はあいまいです。これといった出来事がないんですもん。周りは結婚したり、子供産んだり、離婚したり、再婚したり……時が流れている。つーか、なんでもいいから一個くれ。

では、時の流れを見失わないようにカレンダーを作りましょう。と思い立って作り始めたものの、ゆっくりゆっくり作っていたら三年かかってしまいました。一月の干支が三匹になりました。また時を見失った。

表紙は、とある映画会社（事務所）の業界へ配るカレンダーを意識しました。そのカレンダーに載っている方々はそれは有名であり、魅力的な方ばかりなのですが、なんともやらされてる感が強い。笑顔は元々のポテンシャルの高さで美しいのですが、人間性は微塵も写し出されない。「ザ・作り笑顔」。これは悪口を言っているのではありません。私はこういう「やらされてる感」がたまらなく好きなのです。

今の時代、みんな意志を持ってモノを作っています。しかし私が子供の頃は、昨日までそこらへんにいる素人だったのに今日から急にアイドルになる、そんな人が大勢いました。目が泳いだまんまテレビに出る。正直、着こなせてないフリフリの衣装。なんで？という設定のドラマ、映画に棒読みで主役。完全に大人にやらされてる。そこに私はしびれたんですね。意志がない。なにも知らない。そう、無垢なんですよ。真っ白。真っ白を通り越して透明。その透明感がたまらなく好きだったんです。あやうくて、壊れそうで。だからデビューして経験を積み、自分で作詞、作曲などをやり始めたら、ファンでなくなってしまっていました。ファンだから彼女のこと、彼のことをもっと知りたいんです。でもなんでかな、ゾクゾクしなくなるんですね。もう壊れないだろうから。

このカレンダーは清純派女優としてデビューした「靖子」が、次のステップに進もうと息巻いている事務所からの意向で、ちょっと大人っぽい服を着せられた、という設定です。写真が苦手な靖子は相変わらずぎこちない笑顔です。となるはずが……何枚撮ってもおばさんに見える！　そうか、私は四十五歳だった。大人っぽい服は年相応になってしまうのだ。

いまだに洋服屋に行って露出の多い服を見ては、ハイヒールを見ては「ちょっとこれは大人っぽいなぁ」などと口走ってしまいます。四十五歳が大人っぽいって！　お前はいつになったら大人になるんだよ！　露出の多い服なんて、早く着ないと肌のほうがくたくたになっちゃうよ。いや、もうなり始めている。ハイヒールだって今が最後のチャンスなのに。だって五十になったら足腰の筋力が衰えて履けなくなるよ。時は流れている。一人だけ取り残されている。

4月 2017

Mon.	Tue.	Wed.	Thu.	Fri.	Sat.	Sun.
					1	2
3	4	5	6	7	8	9
10	11	12	13	14	15	16
17	18	19	20	21	22	23
24	25	26	27	28	29	30

5月 2017

Mon.	Tue.	Wed.	Thu.	Fri.	Sat.	Sun.
1	2	3	4	5	6	7
8	9	10	11	12	13	14
15	16	17	18	19	20	21
22	23	24	25	26	27	28
29	30	31				

6月 2017

Mon.	Tue.	Wed.	Thu.	Fri.	Sat.	Sun.
			1	2	3	4
5	6	7	8	9	10	11
12	13	14	15	16	17	18
19	20	21	22	23	24	25
26	27	28	29	30		

7月 2017

Mon.	Tue.	Wed.	Thu.	Fri.	Sat.	Sun.
					1	2
3	4	5	6	7	8	9
10	11	12	13	14	15	16
17	18	19	20	21	22	23
24	25	26	27	28	29	30
31						

8月 2017

Mon.	Tue.	Wed.	Thu.	Fri.	Sat.	Sun.
	1	2	3	4	5	6
7	8	9	10	11	12	13
14	15	16	17	18	19	20
21	22	23	24	25	26	27
28	29	30	31			

9月 2017

Mon.	Tue.	Wed.	Thu.	Fri.	Sat.	Sun.
				1	2	3
4	5	6	7	8	9	10
11	12	13	14	15	16	17
18	19	20	21	22	23	24
25	26	27	28	29	30	

10月 2017

Mon.	Tue.	Wed.	Thu.	Fri.	Sat.	Sun.
						1
2	3	4	5	6	7	8
9	10	11	12	13	14	15
16	17	18	19	20	21	22
23	24	25	26	27	28	29
30	31					

11月 2017

Mon.	Tue.	Wed.	Thu.	Fri.	Sat.	Sun.
		1	2	3	4	5
6	7	8	9	10	11	12
13	14	15	16	17	18	19
20	21	22	23	24	25	26
27	28	29	30			

12月 2017

Mon.	Tue.	Wed.	Thu.	Fri.	Sat.	Sun.
				1	2	3
4	5	6	7	8	9	10
11	12	13	14	15	16	17
18	19	20	21	22	23	24
25	26	27	28	29	30	31

1月 2018

Mon.	Tue.	Wed.	Thu.	Fri.	Sat.	Sun.
1	2	3	4	5	6	7
8	9	10	11	12	13	14
15	16	17	18	19	20	21
22	23	24	25	26	27	28
29	30	31				

2月 2018

Mon.	Tue.	Wed.	Thu.	Fri.	Sat.	Sun.
			1	2	3	4
5	6	7	8	9	10	11
12	13	14	15	16	17	18
19	20	21	22	23	24	25
26	27	28				

3月 2018

Mon.	Tue.	Wed.	Thu.	Fri.	Sat.	Sun.
			1	2	3	4
5	6	7	8	9	10	11
12	13	14	15	16	17	18
19	20	21	22	23	24	25
26	27	28	29	30	31	

Yasuko's Calendar 2017

靖子のカレンダー

1月
January

一年が始まるよ～！
私の毎年の抱負は、
今年こそ異性に
触れられますように。

「酉」

「申（前年の干支）」

「未（前々年の干支）」

2月
February

寒い。
でも暖房をつけると
乾燥するし……。
私は家の中でも
ダウンジャケットを
着てるのよ。

「マンモス」

3月
March

油断すると寒い。
でも春だから衣替え。
家の中では
薄手のダウンジャケット
着てるのよ。

「ひなあられ」

4月
April

ぴよぴよぴよ。

「鳥づくし」

5月 May

高いとこ苦手な坊やもいるはず。
私はガラス張りの
エレベーターの下りのとき
真下を見て
日々、訓練してるよ。

「鯉のぼり」

6月 June

指が丸い爬虫類は
比較的受け入れられやすい。
たった指先の
違いだけなのにね。

「カエル」

7月 July

薄いコーンが好き。
最近はコーンが
立派すぎる。

「アイスクリーム」

8月
August

ブローチを作るのはお休み。
靖子の浴衣姿をお楽しみください。

一度休むと癖がつく。
涼しくなったからみんな運動しな。
靖子が精一杯応援します。

9月

September

10月 October

秋。人肌恋しい秋。
犬飼いたいなぁ。
猫も飼いたいなぁ。
なんか飼いたいなぁ。

「鹿」

11月 November

リスって両手で
食べるんだもん。
ずるいよね〜。

「リス」

12月 December

サンタさん来た？
うちには幼少期
一度だけ来たよ。
靴下の中に
ちり紙に包んだ
お金が入ってたよ。

「クリスマスのトナカイ」

光浦靖子先生が教える、
羊毛フェルトワークショップの

きほん

これまでさまざまな場所で、
羊毛フェルトのワークショップを行ってきた
光浦靖子先生に、ブローチ作りの心構えを伺います。

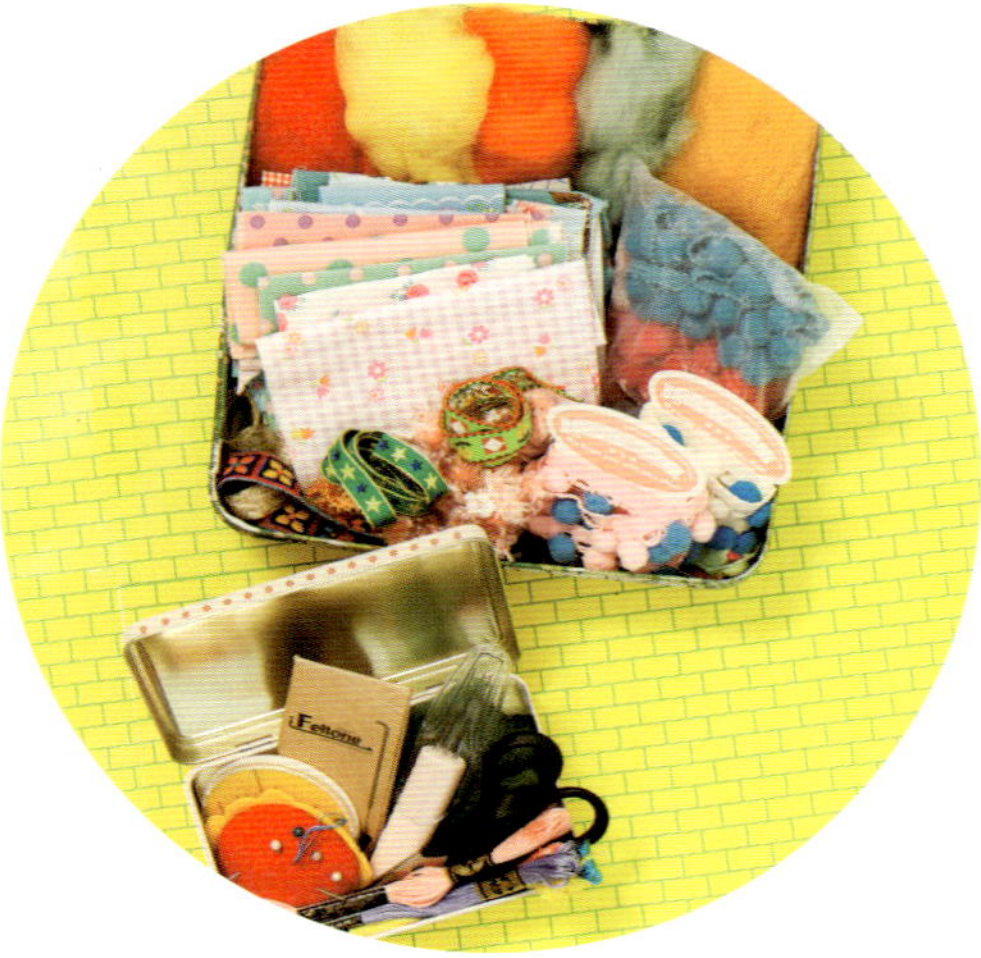

Q 羊毛フェルトでブローチ作りを始める時に、まず何を揃えればいいですか?

A フェルティングニードル、フェルティング用マット、そして、羊毛フェルトの3つです。

羊毛フェルトのマスコット作りに必要なものは、フェルティングニードルという羊毛を刺し固めるときに使う専用針と、羊毛を刺すときの台となるフェルティング用マット、そして好みの色や質感の羊毛フェルト、この3つです。ちなみに私は極細の針を使っています。折れやすいですが、サクサク刺せるのでストレスが少ないのです。初心者用には太めの針をおすすめしている場合が多いです。折れにくいですが、太いため刺さりにくいです。危険だがスパスパ切れる包丁を使うか、安全だが切れにくい包丁を使うか、そんな感じです。また、針を使う前に、手である程度羊毛をほぐしてまとめると、あとの作業が楽だし上手くできるコツです。

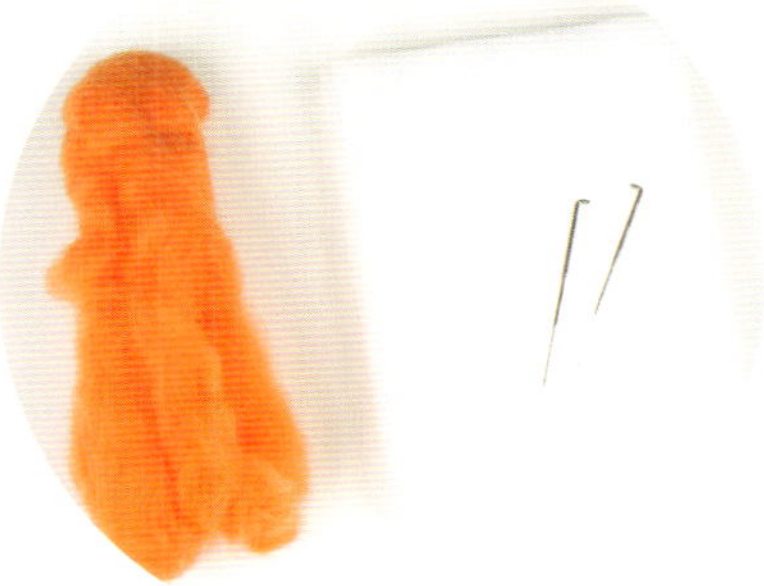

Q 手芸本の説明書を読むのが苦手ですが、作れますか?

A 説明書に頼らないでください。自分でやりながら覚えるのが一番です。

私も説明書、読むの嫌いです。手芸で何か作りたい人は「実践したい」人が多いと思いますから、羊毛フェルトを固めて形を作っていくという「基本の作業」さえわかれば大丈夫。ワークショップをやると、みんな、後半からは何の説明も聞いてくれないし、私が何か言う前に、勝手に作っていきます。最初は「型紙がまだ書けていません」とか「このセンチが違う」とか、すごく細かいことを言っている人でも、やり始めたら、後半は、勝手にやりだします。それで結果、最初に書いた線とはまったく違うものができます。だけど、それでいいんです。それがいいんです。

Q 不器用でうまくできませんが、私にも作れるでしょうか。

A 作るものも大事ですが、「作る過程」を楽しむことこそ、極意です。

手芸は下手とか上手いがない世界なんですね。初心者には邪がない。初心者だからこそ、味のある可愛い作品ができるんです。上手になったらなったで、完成度は高くなり、誰から見ても可愛い作品を作れるようになります。どちらも素晴らしい。しかも、これは「ブローチ」です。洋服とは違って、そんなにじろじろ見られるものでもないし、鞄につけたところで全員が見逃すようなポイントです。であれば、もうご自由に。

とくに羊毛フェルトはサクサク刺す繰り返しの作業です。脳みそから気持ちの良い汁が出ることが醍醐味であり、大事です。

Q 作るモチーフはどうやって決めたらいいですか?

A 好きな人を思い描いて、その人に渡すことをイメージすれば、自ずと何を作りたいかが見えてきます。

私の場合、実際あげなくても「あの人にあげよう」と、ターゲットを決めます。あの人は何が好きかしら、何色が好きかしら、どんなんを見たら笑うかしら、そんなことを想像したら、自ずと作るべきものが見つかります。

パンダ(手芸キットで作れます)

Q どうしたら先生のような可愛いブローチができますか?

A どこで止めるか、終わり時を見極めることがポイントです。

羊毛フェルトの素晴らしいところは、足すことができる、最悪、力ずくで剥がすことができる、というところです。どうとでも修正ができます。つまり、羊毛フェルトには失敗がないんです。しかし、ということは、完成もない。終わりどころがない、ということなんですね。その加減が一番難しいと思います。羊毛フェルトのマスコットもそうですが、「ブローチ」のデコレーションもやり始めると、終わり時がわからず、布切れや紐、お菓子の包み、輪ゴム、なんかの部品などどんどんつけてしまう傾向にあります。最近、自分でやり過ぎたものの呼び名がやっとわかりました。「ゴミ屋敷」。自分の中では全部大事だけど、人が見たら、いらんじゃんっていう。呼び名が見つかってスッキリしました。

ブッス!!
手芸部♡

「押忍！手芸部」という手芸のアート集団に憧れて、みんなで手芸をしたら楽しいだろうなと
手先の器用な人間を集めたら、偶然ブサイクばかりだった……ということから、
2012年に光浦靖子を部長として結成された「ブッス！手芸部」。今回は満を持して、光浦部長の相方・大久保佳代子さんと、女芸人友達のいとうあさこさんを迎えてブローチを作ります。

部長：光浦靖子
（手芸歴：35年）

新メンバー：
大久保佳代子（オアシズ）、
いとうあさこ

『ブッス！手芸部』、今回は大久保佳代子さん、いとうあさこさんをお招きしました。よろしく〜。

　大久保さんはご存知、私と同い年、四十五歳。あさこは一つ年上の後輩、四十六歳。

　この歳になって独身とはなかなか思うこともあるだろう。まずは質問。

「今回はブローチを作ってもらいますが、ああ、この人にプレゼントしたいな、なんて男性、いますか？」

二人「……（無言）」

私「いますか？」

二人「……（よそ見）」

　無言からの拒絶。やっぱり。空気が重くなる。

「あのね、手芸というのは、報われない愛、純愛が必要なの。あの人は喜んでくれるかなぁ？って心を込めるからこそ、作品に愛らしさが生まれて……」

　私の言葉を遮るように大久保さんが言った。

光浦「この人にプレゼントしたいな、なんて男性、いますか？」

大久保「私、パコ美が作りたい！」

あさこ「じゃ、私も犬作ります！」

パコ美とは、一年程前から飼い始めた大久保さんの愛犬である。大久保さんはもうパコ美さえいれば生きていける、とパコ美依存症である。あさこは根っからのいい人、気遣いの人、人に合わせる人、「そんな気を遣わなくていいよ」と言っても気を遣う。「気を遣われるとこっちが疲れるから」と言っても気を遣う。なんなら気を遣うことに関して非常に我の強い人である。

私「パコ美はわかるよ。でもあさこが大久保さんに合わせることないでしょ？」

あさこ「あ、だったら私、大久保さんの親戚が飼ってる犬にしようかな」

もはや人に合わせる病気だ。

私「まずは、この人にあげたい、というターゲットを見つけてほしいの」

二人「えぇ〜〜〜……」

大久保「あ！　あさこ、こないだチュートリアルの徳井くんが好きだって言ってたじゃん」

あさこ「あ、あれはノリというか……」

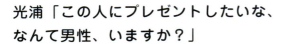

大久保「私、パコ美が作りたい！」
あさこ「じゃ、私も犬作ります！」

光浦「あさこが大久保さんに合わせることないでしょ」

大久保「徳井くん、猫飼ってるから、その猫作って渡せばいいじゃん」
あさこ「えぇ～～～……そうします？」
　また人に合わせた。ま、いいか。ターゲットを決めたほうが作りやすいから。
　というわけで、あさこは、徳井くんのやっているツイッターから飼い猫の画像を引っ張りだし、それを見ながら作り、完成したら渡す、ということになった。恐い。非常に恐い。渡される身になったら恐い以外のなにものでもない。
私「で、大久保さんは誰に渡すのよ？」
大久保「えぇ～～～。パコ美にあげたい」
私「バカじゃないの？　ぜったい噛んでボロッボロにされるよ」
大久保「えぇ～～～……」
　コンビとは家族のようなもので、好きな人の話はしにくい。誰か好きな人いるんでしょ？　と、深追いするのもちょっとなぁ……。だって光浦家は恋愛話とエロい話は厳禁だったから。兄も妹も恋人を連れてきたときは、結婚の報告だった。最初が最後。そういう

光浦「手芸というのは、
報われない愛、純愛が必要なの」

家だったから。大久保さんから恋愛の生々しい話されたらゲロ吐いちゃうよ。
私「じゃあさあ、散歩で行き会う人とかいないの?」
大久保「……葛城ユキさん?」
私「え?! あの?」

葛城ユキさん。ハスキーボイスの、八〇年代「ボヘミアン」で一世を風靡した歌手である。ということで、大久保さんはパコ美の散歩でちょいちょい顔を合わす犬仲間の、葛城ユキさんにチラ見せするということになった。今回は「渡す」でなく「チラ見せする」。電話番号も知らない仲の相手に「自分の犬のブローチ作ったんであげますって、これまたヤバい人でしょう?

さて私は? 人のことをとやかく言ったが、私こそ渡したい人がいない。好きな人? 好きな人より好きになってくれる人でしょう? デビュー当時、母親が言った。「この商売はお母さん、本当は反対だけど、テレビでお見合い写真を配ってると思えば納得できるかな」と。二十数年、お見合い写真は配りまくった。日本人はもうダメそうな

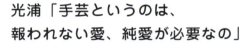

光浦「私は外国人狙いでいこう。
外国人が思う日本の魅力って……？」

大久保「徳井くんに猫作って渡せば？」
あさこ「えぇ～～……そうします？」

ので、外国人でいこう。外国人が思う日本の魅力……日本のトイレじゃね？

制作開始。簡単な説明だけでやり始めた大久保さんと違い、あさこは逐一質問をしてくる。「ここは？」「あ、それはね」「えー!! すごい！ なるほどぉ！！！」リアクションがいちいち大きくて気持ちがいい。

ワークショップを何度かやっているが、生徒はみなおとなしい。「質問ありますかー？」と訊くと、バッと全員下を向く。動きは基本緩慢なのに、下を向くクイックはすごい。いやいやいや、一応私タレントだしぃ、そうそう道端で会えるわけじゃないしぃ、喋れるチャンスじゃん？ 完全無視というわけでもなく、帰り際、すれ違い様に、小さな声で「すごく楽しかったです」と言うと走って逃げてゆく。あのね、隠れキリシタンの会合じゃないんだから、声出していいんだから。

あさこのような生徒が一人ほしい。場を明るく盛り上げてくれる生徒。今度、金を払ってサクラとして呼ぼう。

「ブッス！手芸部」作品発表

大久保佳代子作品

「パコ美」

光浦評☞この人感情がないんじゃないか？と思わせるような普段の大久保さんからは想像できない、とっても優しい、楽しい作品です。蝶々をちりばめたことで、パコ美が草原を思いっきり走ってる姿が浮かびます。

光浦靖子先生作品

「ウォシュレット」

本人評☞構図が変です。途中で飽きてしまいました。あげる人がぼんやりしてると、愛情がわかないものですね。

いとうあさこ作品

「ミコライオ」

光浦評☞初めてとは思えない上手さです。あさこらしく、猫に対して、とても丁寧です。徳井くんの部屋であさこが猫をひざに抱いてる姿が浮かびます。

後日談

あさこは徳井くんにブローチを渡したそうです。「似てる！　鼻の横の丸みがすごく似てる。猫のおうちの入り口につけるよ。ありがとう」と、とっても喜んでくれたそうです。

「浮世絵」

「目ぢから」

「猫盆踊り」

外国人向けニッポンのお土産ブローチ

二〇二〇年の東京オリンピックに向けて、いろんなタレントさんが英会話の勉強を始めました。私だって！ 東京オリンピックに向けて、外国人ウケしそうなブローチを作るわよ。

「鯉」

「伊勢海老」

「菊」

Essay 4

私がブローチを作る理由

ブローチは結界なんです。あの丸の中くらい自由にさせてほしいんだ。一人のおばさんの乙女解放区なんだ。

なぜブローチ？　ブローチって可愛いじゃないですか。ファッション的に、じゃなくて、ブローチという生き様が。なんか一生懸命なのに、鈍臭くて、報われなくて。アクセサリー界で一番不人気じゃないかなあ？　だって、普通に洋服屋に入ると、あるのはネックレス、指輪、ピアス、イヤリング、ブレスレッドまでですからね。ブローチってなかなかない。よく寂れた温泉街のお土産屋さんの隅に、七宝焼の猫のブローチだったり、かごからあふれるお花のブローテだったりが置いてありますでしょう？　手が込んでる。可愛いっちゃあ可愛いんだけど、主張が強いんだよな、服に合わせにくいんだよな、ごめんね……、そう言って、誰も手に取らず、長い年月が経ったのはホコリの量が証明している。

そもそもピンで留めるってとこがね……、良い服だと、穴を開けることに躊躇してしまう。そこそこの重さのものだと、薄い生地の場合、服のシルエットがてろ～んとなってしまう。服にアクセントを添えるため、服のために生まれたはずなのに、服を選ぶ。

アクセサリー界の人付き合い苦手キャラ。

誰が教えたわけでもないのに、ブローチはだいたいが胸につけます。胸って。人間の一番大事なところだよ。ハート。心。そこにおさまりたいって。初恋のような図々しさを感じません？「電車で見て好きになりました。付き合ってください！」。顔も名前も知らない人からいきなり告られ、付き合えって！　しかも断ったら泣き出すし。正直、これを大人に置き換えたら恐いですよ。ストーカーまがいですよ。でも、初恋だから、その清らかムードにごまかされ許される。そういうとこブローチにありません？

私には長いこと恋人という人がいません。三十代の頃、猛烈に焦っていたときに、私のゲイのお友達がアドバイスをしてくれました。「もっと女の子っぽくすればいいのよ」。確かにその頃のテレビ界では「女を捨てる」ということが美徳であり、私も女であることをなるだけ消し去ることが大事だと思っていました。彼は舞台で女優をしており、普段は男性の格好をしています。本人は女性になりたいわけではないのですが、女性に憧れ、女性的なものが好きで、彼いわく、ゲイも十人十色で、ま、複雑なんですが、私より女性に詳しかったんです。「どうすれば女の子っぽくなるのよ？」「いい？　簡単なことよ。チーク＆ブローチ作戦よ」。チーク＆ブローチ作戦？？？　はい？

作戦の内容はこうでした。「チークって女の子っぽくない？　だから、チークを濃くするの。で、ブローチって女の子っぽくない？　だから、ブローチを身につけるの」。まんまでした。彼の複雑な立ち位置は友人なのでさんざん聞かされていました。生い立ちから、社会に出てから、全部聞いてました。何を言うかと思いきや……薄っ！！

でも、ヒゲ面で色黒の彼が、「アメリってバカだよね。イライラすんのよ。でも、わかるの。アメリはブローチ好きなはず」と、フランス映画のアメリと自分をシンクロさせながら語るときのキラキラした、いや、ぬらぬらしてたかな、そのキラキラ風の目を見ていたら「のっかってみよう」こう思ったのでした。なんか、うまくいかない、へっぽこな人間だけど、小さなレボリューションが功を奏すわけないけど、失敗して、またここへ戻ってきて、またへっぽこな作戦を考える、これが私は心地よいのです。

ある時期、チーク&ブローチ作戦を決行していましたが、なんの反応もありませんでした。

初めて羊毛フェルトを手にし、初めて作ったブタがあまりに上手にできました。ブローチに仕上げ「なんならコレ、セレクトショップの輸入ものの一点ものに見えなくない？」と、帽子につけて飲み屋へ行ったことがありました。そこでばったり、極楽とんぼの加藤さんに会いました。いつものように一緒に飲み、無駄話をしていたら、急に加藤さんが怪訝な顔をしました。「それ、手作り？」。怪訝と気づいた時点でやめとけばよかったのですが、あの人はフリとオチがだいぶ違う話し方をすることがあるので、もしや褒められるかもしれない、一縷の望みにかけてみようと、勇気をもって答えました。「はい。可愛くないですか？」。「わわわわわわわ、こわい、こわい、こわい。やばい、やばい、やばい。やばいぞ、お前」。

何年ぶりかのチーク&ブローチ作戦。初めて反応というものに出会えました。やっぱり間違っとるじゃないか！！！

私は笑ってしまいました。手作りも、ブローチも、ごと受け入れられていない。それが面白くって、爽快で。これだ！　これだよ！　これを本にしよう。そう思ったのでした。

変な服を着ていれば、電車で「なにあの格好？」とジロジロ見られることがあります。被害者意識過剰な人々からは「不快な思いをした」とネットにあげられることでしょう。でも、ブローチは小さいです。そんな小さなものまで「不快な思いをさせられた」と糾弾するなんてイジメです。つーか、イジメにあうほど、ブローチは市民権を得ていません。たぶん、眼中にないモノだと思うんです。「アナタのブローチ見せてください」と言われて、何人の人が対応できます？　持ってない人がほとんどでしょう。持ってる人はおばあさんだったり、おばさんだったり、人類でも「優しいランキング」上位のほうの人たちが多いです。「ブローチをつけたおばあさん」優しいに決まってるじゃないですか！　ブローチを語る資格があるのはブローチを持ってる人だけ！　しかも、ブローチを持ってる人はだいたい優しい！　ブローチは特別保護区に住む、アクセサリー界の「おみそ」なんです。

だから私は安心してブローチを作るのです。小さな丸は結界なんです。丸の中は自由なのです。私は色が大好きです。小さな丸の中は、センスがあろうがなかろうが、色でいっぱいにできるのです。

小さな丸の中は自由です。自由ゆえ主張が強いと言いますか、服に合いません。なので、私は自分で作ったものは身につけていません。

「虎３」

もっと飛び出せ、もっと飛び出せ、こう、なんつーか力強い感じで……、そうだ、火の輪くぐりだ！　火はどう表現しよう。加藤さんはプロレスが好きだから、バンバン・ビガロのコスチューム風に。

プレゼントする相手

加藤浩次さん（極楽とんぼ）

この五年、加藤さんのためにブローチを作り続けています。加藤さんの幸せを想い、加藤さんが喜んでくれるはずだと毎回「虎」のブローチを作り続けています。がしかし、これまでもらってもらったことはありません。最後に渡しに行った時から約三年。さらに想いは増して、加藤さんの楽屋を訪ねます。

光浦 加藤さん、三年ぶりですよ。
加藤 何が？
光浦 加藤さんにプレゼントを持ってきましたよ。
加藤 ちょっと待ってくれ。今、「スーパーマリオラン」やってっから。
光浦 加藤さん、覚えてないでしょう？　前回あげたやつ。
加藤 虎のやつだろ？
光浦 それもありますが、まずは「ダチョウのポケットチーフ」ですよ。これ、あなたが「陰毛の塊みたいで怖い怖い」ってぶん投げたやつです。だから改良してきたんですよ。
加藤 なんだよ、これ。
光浦 ブルーバージョンとお花バージョン、さらには色ゴムバージョンを追加してきました。
加藤 人のスマートフォンの上に置くんじゃねーよ！
光浦 人が来てるのに、ゲームやってんじゃねーよ！　逆に言えば！
加藤 お前が勝手に来てるんじゃん。俺、求めてるわけじゃねーよ！
光浦 最近の「スッキリ!!」を見ていても、世界情勢が大変じゃないですか。世界が息苦しくなっている中だから、こういう遊びが多

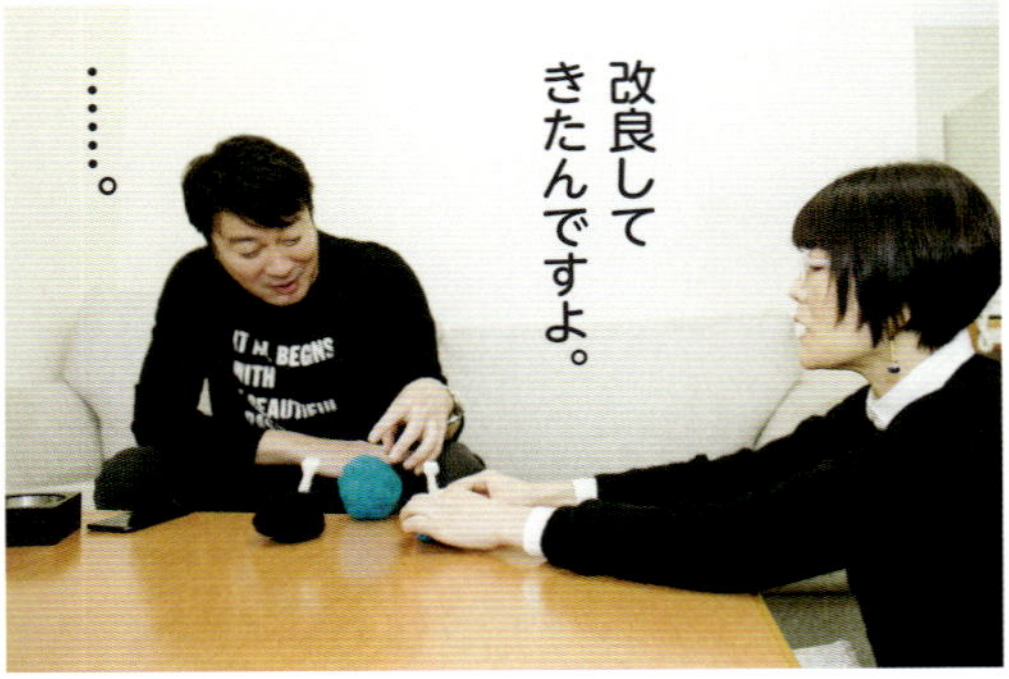
改良してきたんですよ。
……。

なんだよ、これ。

お前、クオリティ下がったな。

「ダチョウのポケットチーフ」

4兄弟です。長男「黒」、次男「青」、長女「花」、次女「輪ゴム」。長男は真面目で「黒」。長男に比べ次男はやんちゃで要領がよく「青色」。初めての女の子ということで、大事に育てられた長女は「花」。長男が大学進学した頃に生まれた次女は、放任主義で育てられ「輪ゴム」。海外留学をします。

いポケットチーフがいいかと思いまして。

加藤　こんなのは、今の世の中では絶対ダメだよ。いろんな事件を語るときに、こんなんポケットに入れてたらクビだよ、クビ！

光浦　クビじゃないです！　主婦層はね、「加藤さん、ユーモアがあっていいな、人間味があるな、あたたかいな」って思いますよ。

加藤　今はみんなそんなに優しくないんだよ。カリカリしてるの。

光浦　お花バージョンもすごくいいと思いますよ。

加藤　お前、クオリティ下がったな。

光浦　ふん！　何言ってんですか。これはフリです、フリ！　加藤さんにはいつも「虎のブローチ」をご注文していただいているので。

加藤　注文なんかしたこと一回もない。申し訳ないけど。ホント申し訳ないけど。

光浦　虎を作ってきました。加藤さん「虎が好きだ、虎が好きだ」って言うもんで。

加藤　もうビョーキだからな、光浦。ビョーキだからつきあっているだけだからな、俺は。

光浦　とうとう加藤さんがお気に召すものを作ってきました！

加藤　わかったわかった。

光浦　どうぞ！

加藤　ワハハハ！！！　飛び出してるじゃん！

光浦　「木下大サーカス」をイメージしました。

加藤　これ、面白いね。技術はすごいよね。

光浦　でしょ？

加藤　これ、帽子につければいいんだよ。

光浦　お、帽子につけます？　三度目にして初めて加藤さんが自ら提案をしてくれた！

加藤　（自分の帽子を取り出してブローチをつける）

光浦　あ、つまらない帽子が！　ああ、すごくいい帽子になる!!

加藤　いいじゃん。

光浦　あ！　初めての「あり」！

加藤　あ、いいね。こうなってくると。今まで2Dだったからな。

光浦　2・5Dまでしか行ってなかったから、だいぶ飛び出してきたでしょ。3Dは3Dで作れるんですけど、そうすると人形になっちゃうから、2・8Dくらいがいいの。

加藤　飛び出しているもん、好きなの、俺。

光浦　最初から言ってくれたらよかったのに。でも嬉しい！　加藤さんが初めて気に入ってくれた！

加藤　一時期の「高橋名人」みたいじゃん。これはぶっ飛んでんねー。

光浦　かっこいい！　完全に頭オカしい人みたい。

加藤　この「ぶっ飛んでる感」出すのはすごくいいね。ワンアイテムでぶっ飛んでる人って思われるもんね。ラクだよね。

光浦　ラクですよ。

加藤　俺もね、どんどんまともな人みたいになっているじゃない？

光浦　なってますね。世間では「スッキリ!!おじさん」ですからね。

加藤　「スッキリ!!おじさん」だからね。でも普段こういうのかぶっていると、「やっぱあの人頭オカしいな」っていうところをちゃんと残せる。俺自身がバランスとれるんだよ、人間として。

光浦　若手もナメませんよ。こんな帽子かぶってたら。「あ、やっぱあいつオカしいわ」って。

加藤　カズレーザーくらいだもんな、今若手でこれかぶれるの。

光浦　私服まで通してる人はカズレーザーくらいですね。

加藤　あいつ、赤から赤に着替えるからな。

光浦　そこがカズレーザーがナメられないところですよ。芯が通ってるもん。「あ、ホンモンだ」って。

加藤　そうだよな。俺もずっと真面目になろう真面目になろうって思ってるけど、人間ってさ、昔の自分の不真面目を懐かしんでしまうんだよね。それを一個のアイテムで、昔の俺のオカしさを取り戻せる。

光浦 牙持ってるぞ、ってね。

加藤 だって、虎の前足出てる帽子かぶってる奴、なかなかいない。

光浦 火の輪くぐりなんですよ。一応いろんなイメージを込めています。世間の荒波を「火」に見立てて。

加藤 ああ、それを突き破れと。

光浦 そう、そういう深い意味が。

加藤 炎上とかもいろいろあるけれど、世の中にある負の部分に飲み込まれずに突き破れ、と。深いね。

光浦 加藤さん、かぶってくださいよ。加藤さんみたいなファッションリーダーにかぶっていただくと、そういうのが一気に流行りますから。

加藤 まあな、俺、裏ではファッションリーダーって言われてるからな。ドン（小西）さんとかには。

光浦 ドンさんのお墨付きですか。ドンさんが褒めた芸人はおぎやはぎの矢作と加藤しかいないってね。

加藤 矢作はオシャレって言われてるけどさ。

光浦 「表オシャレ」ですよね。加藤さんは「裏オシャレ」。

加藤 そうなんだよ。

光浦 普段からかぶってもらえますかね？

加藤 これ？

光浦 うん。

加藤 絶対かぶらない。

光浦 なんで？

加藤 帽子ってプライベートではれないようにするアイテムなのに、こんなのつけてたら、もう、かぶらない方がマシだよ。

光浦 えー、オシャレじゃん。

加藤 やるわ、その帽子。お前の方がキャラクターに合ってるわ。もう帰ってくれないかな。

光浦 わーーー、出た！「もう帰ってくれ」。

加藤 お前の方が似合うから、どう考えても。もう話は終わりだよね。遊びは終わりだ。

光浦 今回乗っかってくれてんな、と思ってたのに。

加藤 リハビリ期間はもう終わりだ。大事な帽子をあげるから頼むから帰ってくれないかな。いらねーんだよ。

普段からかぶってもらえますかね？
絶対かぶらない。

光浦 え？「もう一回虎のブローチ作ってくれ」って、私に発注してくれてませんでした？

加藤 発注してねえんだよ、これが。光浦、ビョーキだからさ、あまり強く言うと、脳がパーンとなっちゃうから。

光浦 あれ？ のべ五年にわたって発注してくれてましたよね？

大事な帽子をあげるから頼むから帰ってくれないかな。

加藤 あんまり俺も強くは言わないけど、やんわり言ってるけれどさ。パーンってならないように。

光浦 あれ？ なんでだろう？？ なんで虎を加藤さんに作らなくてはって思い始めたんだろう。あれー？

加藤 そんな発注した覚えもないからな。気づいてくれればいいんだけどさ。

光浦 あれー？ 加藤さんが最初応援してくれてたんじゃなかった

ですっけ？「お前、手芸いいぞ、一生の仕事になるからやれよ」って言ってくれませんでしたっけ？

加藤 手芸はいいと思うよ。だけど俺はほしいなんて言ってない。

光浦 加藤さん好みのもの全部入れたんですがね。バンバン・ビガロ（プロレスラー）とか意識してるんですけどね。

加藤 クラッシャー・バンバン・ビガロね。好きだよ。でもいらない。

光浦 基本、手作り嫌いですか？

加藤 そんなことないよ。

光浦 人が編んだマフラーとか学生時代どうしてました？

加藤 中学生のときに女の子がクッション作ってくれたんだけど、中三のときかな、それ、友達んちの庭で燃やしたね。

光浦 え……？ なんで？ なんで燃やしたですか？ え……なぜ？ なんでそんなことを？

加藤 その子が、俺が好きだった子をいじめたのね。ちょっと女子のヤンキーグループで、だから腹立って燃やしてやったんだよね。冬場に灯油ぶっかけて。

光浦 ……ああ、そうですか。まあ、好きな子をいじめたという悪い事をしたからね。……まあ、だけど、うーん、すごいな。手作りでもらったものを……。そういう人か……。

加藤 雪の上で。

光浦 火事にならんように。

加藤 ぶっかけて燃やしたから。

光浦 うーん……、そうか……。

加藤 ま、いいよ、持って帰っても。

光浦 でも私が何か悪い事したら燃やされるんでしょ？ いやだよ、そんなの。そうか……、あ、なんか……、加藤さんじゃなかった気がする。

加藤 そうだよ。

光浦 一生懸命作ってたけど、違ったんだ。加藤さんが「いい人／悪い人」とかいうんじゃなくて、たぶん、住む世界が違う。

加藤 そうだな。

光浦 価値観が合わないね。

加藤 うん。

光浦 すみませんね、しつこく五年にわたってブローチを渡してましたけど、価値観が違う人に渡しても。

加藤 うん。人力舎系だろ？ ラバーガールとかじゃない？ 渡すんだったら。

光浦 そうねえ。

加藤 （虎のブローチを剥がして）こえー！ 赤いのついたわ。ほら！ お前が作るブローチは、念がすごいんだよ。邪の念が。

光浦 邪気なんかないよ！ 人の幸せを祈って針を刺してるんだよ。でも加藤さんとは、生まれ育ち以前の何かが違った。魂の種類が違った。

加藤 あなたにとっては善意の針刺しかもしれないけれど、こっちにしてみたら悪の針刺しにしか感じないもん。邪だよね。

光浦 あ、そう、あ、そう。私は加藤さんの喜ぶ顔だけを想像して。

加藤 最高峰の藁人形だよ。中世のこえーやつだよ。

光浦 私は千人針に近いような、「生きてください」じゃないけど、プラスの願いしかないよ。

加藤 お前はそう思ってるんだろうけど、「悪も逆から見たら善なり」って言うからね。

光浦 そうですよ。「正義の逆は悪」ではない。「正義の逆は相手の正義」ですよ。

加藤 そうだよ。

光浦 だからどっちも悪くないんですよね。私も加藤さんも悪くない。

加藤 だから、お前、俺のこと、責めちゃダメだよ。

光浦 責めない。加藤さんも私のこと責めちゃダメだよ。

加藤 責めないよ、俺はお前のことビョーキだと思ってるから。リハビリにつきあっていただけだから。

光浦 うん、じゃあ、帰ろう。違った。たぶん、加藤さんじゃなかった。

加藤 そうだよ。これで最後な。もう来ないで。

「虎１」

「虎２」

邪気なんかないよ！
人の幸せを祈って針を
刺してるんだよ。
最高峰の藁人形だよ。
IT ALL BEGIN
WITH
A BEAUTIFUL

プレゼントする相手

草野仁さん

本当に「手作りブローチ」は誰も喜ばないのでしょうか。
いや、きっと、誰か、誰かは喜んでくれるはず。
そう思ったとき、草野仁さんの優しい笑顔が浮かびました。
加藤さんにブローチを突き返された二日後、
「世界ふしぎ発見！」収録後の草野さんの楽屋を訪ねます。

「仁くん人形」

丸３日かかりました。途中、高島忠夫さんになったり、高倉健さんになったり、韓国の元大統領になったり、不思議でした。真くんが間違った答えを発表しているときの、ムフフフフと笑いをこらえている顔を作りました。

光浦　草野さんは優しいですね（涙）。これも加藤さんにボロクソに言われた「火の輪くぐりの虎」です。「木下大サーカス」をイメージしました。

草野　**これは飾り？**

光浦　大きなブローチです。

光浦　ちょっと主張が強いですかね。

草野　そうですね。**ちょっと大きすぎるかな。**もう一回り小さくしてもいいかもしれません。

光浦　そういうふうにちゃんとアドバイスしていただけると、非常に素直に聞き入れることができます。

光浦　「喜んでくれる」と思って作るんです。だけど、渡すと、だいたい**喜ばれないことが多い**んです。

草野　でもそこに精魂込めて自分がエネルギーをつぎ込んで作ったということは、ベストを尽くしたわけですから、仮に受け入れてもらえなくても、それはそれでいいのではないかと思いますよ。

光浦　「無償の愛」ということでしょうか。

草野　**いつか報われますよ。**

光浦　いつか……。

光浦　草野さんに質問があるのです。「手作りのもの」って、男性はもらうと**重いのでしょうか？**

草野　いや、そんなことないですよ。嬉しいですよ。その人が一生懸命思いを込めて作ってくれたものですし。

光浦　これは加藤さんにボロクソに言われた作品なのですが、見ていただけますか？　ダチョウなんですけど、ポケットチーフになっております。

草野　素敵ですよ。（つける）

光浦　**わ！　草野さん、すぐつけてくれた！**

光浦　加藤さんがその黒いモジャモジャが怖いと言うので、青も用意したんですよ。

草野　比べてみましょうよ。（つける）**これもいいですねぇ。**

光浦　すごくいい人だ！　**なんでもすぐつけてくれる！**

草野　光浦さんからいただいた貴重な記念品ということで大切にいたします。私自身、手先が不器用で、絵を描いたりするのも苦手ですから、そういうことをできる人を**すごく尊敬しているんですよ。**

光浦　**初めて褒められました。**褒められるって、こんなに嬉しいんですね。毎回一生懸命作って、「そうでもないな」って追い出されるものをずっと作ってきたので、今日までやってきてよかったです。ありがとうございます……。

光浦　草野さんは**本当に優しいですね。**草野さんは腹を立てることはないのでしょうか。

草野　ありますよ。もともとはとてもせっかちで、瞬間湯沸かし器みたいなところがあったんです。

光浦　え？　意外です。

草野　人間だからどうしても、この人とは相性が悪いとか、苦手なタイプというのはありますよね。

光浦　ありますね。

草野　でもその人のいいところを見つけて、そこに焦点を充てていくと、人間関係はうまくいきますよ。僕もそういう気持ちで人と接しているうちに、次第に穏やかな人間になってきたんですよ。

光浦　草野さん、ありがとうございます。お礼に、本日は**「仁くん人形」を作ってきました。**これを草野さんにプレゼントさせてください。

草野　ありがとうございます。

光浦　**怖くないですか？**　大丈夫ですか？

草野　大丈夫です。

光浦　こんなのもらって困りません？　捨てるに捨てれんし、自分の顔だもんで、燃えるゴミで出しても、自分も怖いし、一生足かせをつけるようで申し訳ないです。

おわりに

地元の成人式で、小学校六年のときに埋めたタイムカプセルを掘り起こす、というイベントがありました。タイムカプセルの中身は「将来の夢」という作文です。二十歳だから八年ぶり、ぶり？　たったの八年じゃない。「私、なんて書いたんだろう〜」なんてなりませんよ。ずっと覚えてました。「私の夢はファンシーショップを開くことです」と書いたことを。

私が小学校の高学年になるまで、私の田舎にはスーパーは一軒しかありませんでした。シロキヤスーパー。遊ぶ所も買い物する所もない街。そこではシロキヤスーパーは街一番のホットスポットでした。地元の中学生のデートといえばシロキヤ。田舎に住む思春期の人間は田舎を活かした遊びはしません。なにをするって、生鮮食品売り場以外の売り場をただ見て歩く、それだけです。でも小学生だった私は、中学生になったら彼氏とシロキヤを歩くことに憧れました。

そのシロキヤに、あるとき、ザ・女子なお店ができたんです。そこはサンリオの文房具をはじめ、ぬいぐるみ、小物入れ、味は不味いが可愛い包みのお菓子などなど、今までテレビや雑誌でしか見たことないかわゆい品で溢れていました。私はオシッコをちびっちゃうほど興奮しました。安いものなら飴一個十円。小学生の私は、一時間かけて飴を二、三個買うことを繰り返しました。そこにある商品、全部ほしい。全部ほしいが金はない。手に取っては棚に戻す、手に取っては棚に戻す、そのうち店にある全ての品物の値段を暗記しました。憧れの中学生カップルがこの店でデートをします。その憧れの中学生より店員さんは偉く、かっこよく見えました。オシャンのピラミッドの頂点に見えました。将来、私はこういう店を開きたい、と思ったのでした。

タイムカプセル用に将来の夢を書くことになったのですが、そういう店の呼び方がわからない。親に訊いても「ああ、文房具屋」と言います。違うの。文房具以外のかわゆいモノが大事なのに。がさつ。大人って本当にがさつ。尾崎豊並みに大人って嫌い。その店で買い物をすると、包装した最後に店名のついたテープを貼ります。そのテープに書いてありました。「ファンシーショップ○○○」。

その後八年過ごしましたが、日常会話でファンシーショップという単語を耳にしたことはありませんでした。タイムカプセルから掘り出したとき、友人に「ファンシーショップ? なにそれ?」と言われることが怖くて、完全に気配を消していました。「サモアの怪人　マーク・ハント」とか「飲む点滴　ポカリスエット」とか、ファンシーショップってのはキャッチフレーズのほうだったんじゃないか、と八年間ずーっと気にしていたからです。貸衣装の緑の振り袖を着ながら、久々に会う友達もいるというのに、テンションを上げることなく、逃げ切りました。二十歳って大人じゃないんですね。そんな小さなことを悩むなんて。ちなみに私は優等生だったので、先生好みの作文を書くことが上手だったので、ファンシーショップをお題に「いい気になって人に迷惑をかける。痛い目に合う。反省する。結論、人の痛みのわかる人間になろう」をちゃんとふまえていました。よくやるぜ。

四十五歳になった私の将来の夢は、手作りのブローチを売る店を開くことです。今なら大声で言える。これこそファンシーショップだ!!

靖子だって夢を見る。
今も夢はある。

光浦靖子

1971年愛知県生まれ。小学生の頃、手芸作家・大高輝美先生の作品と出会い、フェルトマスコットばかり作るようになる。友人の誕生日にフェルトマスコットを作っては配る活動をする。成人し、ミシンを手に入れてからは、周りの女性に巾着袋を配る活動に。10年前、羊毛フェルトに出合い、ブローチばかりを作るようになる。2012年初の手芸本『男子がもらって困るブローチ集』、2014年続編となる『子供がもらって、そうでもないブローチ集』を発売。本作が3部作完結編となる。

Staff

編集：川口美保
アートディレクション：宮古美智代
撮影：池田晶紀＋ただ（ゆかい）
スタイリング：上野真紀＋森下彩香（UP'WARD）
ヘアメイク：春山輝江、比嘉みみ（HIGARDEN）

衣装協力：ホォアナ デ アルコ
協力：プロダクション人力舎
よしもとクリエイティブ・エージェンシー、マセキ芸能社、ほぼ日、
サンフェルト、レイニーデイ ブックストア アンド カフェ、コント、ドラックアウトスタジオ

靖子の夢
2017年4月17日　第一刷発行

著者　光浦靖子

発行者　新井敏記
発行所　株式会社スイッチ・パブリッシング
〒106-0031　東京都港区西麻布2-21-28
電話　03-5485-2100（代表）
http://www.switch-pub.co.jp
印刷・製本　株式会社シナノパブリッシング